# 亲子关系枕边书

杨韵冉 吴子钦 / 著



华龄出版社
HUALING PRESS

图书在版编目（CIP）数据

亲子关系枕边书 / 杨韵冉，吴子钦著. -- 北京：华龄出版社，2023.5

ISBN 978-7-5169-2534-8

Ⅰ. ①亲… Ⅱ. ①杨… ②吴… Ⅲ. ①亲子关系－家庭教育 Ⅳ. ①G78

中国国家版本馆CIP数据核字(2023)第085373号

策划编辑 牛海娜
责任编辑 李梦娇
责任印制 李未圻
装帧设计 张 琼

| | | | |
|---|---|---|---|
| 书　名 | 亲子关系枕边书 | 作　者 | 杨韵冉，吴子钦 |
| 出　版<br>发　行 | 华龄出版社 HUALING PRESS | | |
| 社　址 | 北京市东城区安定门外大街甲57号 | 邮　编 | 10011 |
| 发　行 | (010)58122255 | 传　真 | (010)84049572 |
| 承　印 | 德富泰（唐山）印务有限公司 | | |
| 版　次 | 2023年7月第1版 | 印　次 | 2023年7月第1次印刷 |
| 规　格 | 880mmx1230mm | 开　本 | 32 |
| 印　张 | 8 | 字　数 | 107千字 |
| 书　号 | ISBN 978-7-5169-2534-8 | | |
| 定　价 | 68.00元 | | |

# 目 录

CONTENTS

# 作者序

从事家庭教育10年，见过成千上万的人世间家庭，众生百态，世间冷暖，每一次都被深深震撼。

夫妻的爱情里，

有忠贞不渝，飞蛾扑火；

有执迷不悟，遇人不淑。

家庭的亲情里，

有血浓于水，血脉相连；

有兄弟反目，亲子仇杀。

有人问，什么是家庭教育？

我想说，家庭教育就是爱的教育。

此次有幸与杨韵冉老师一起，共编此书。

将十余年经验浓缩，提炼成最简单的方法，用最简洁的语言分享给你。你一定要放在枕边，让其成为睡前读物。多翻多读，这本书值得你看十遍二十遍。

睡前读一篇，成为更好的父母。

爱，是一种本能，需要被唤醒。

人和动物最大的不同，是人会多种方式表达爱，

语言、行为、文章、音乐、绘画……

所以，爱，就像呼吸一样，是人的本能。

但，有太多人把爱忽略了，熄灭了。

山东烟台，有一个单亲妈妈，几年前老公因为车祸不幸去世，当时他们的孩子才6岁。这个女人靠自己，一手把孩子养大。她一天打三份工，从早晨5点干到晚上10点，很辛苦。

工作的繁忙加上生活的重担，让她忽视了与孩子交流的重要性。孩子初中时，开始叛逆，妈妈的管教慢慢变成指责，甚至打骂，最后孩子离家出走。

这个妈妈，来上我的课。当听到爱的时候，她低头痛哭。

她说，她总是要求孩子，于是他们之间有了更多指责和争吵；她忘了如何正确去爱，于是他们也慢慢少了关心和温情。

爱，是一种本能，需要被唤醒。

爱，是一种能力，需要被教育。

都以为爱很简单，但却不知道，这个世界上最大的真相就是："懂爱才是爱，不懂爱是伤害。"

我经常在课上讲"爱是一把双刃剑，可以保护爱的人，也可以伤害爱的人。

保护还是伤害，与爱无关，与有没有爱的能力有关。

"我是为他好……"

"我是他妈，还能害他吗？"

"我其实是好心啊，可是……"

虽然每个人都有爱的本能，但不是每个人都有爱的本事。就好像，不是每个会说话的人都是演说家。

一位广东企业家，事业有成，财富自由，做服装生意，员工有数百人。久经商场当老大，管理团队说一不二。因为不会爱，把工作上的状态带回了家里。按照自己的想法，教育孩子，要求孩子。

他肯定是为了孩子好，为人父母的心是善良的。但孩子不接受。久而久之，亲子关系越来越僵，最后孩子成绩一落千丈，变成了纨绔子弟。他天天恨铁不成钢，骂孩子无能。

上了我的亲子课后，他才发现，原来是他爱的方法错了，想爱却不会爱。于是，我把本书里的方法教给他。不到两个月，他与孩子的关系就缓和了，开始促膝长谈，现在与孩子的关系就像好朋友。

他总说，我是爱孩子的，但我却不懂爱。爱，原来是需要方法的。

像这样的案例，千千万。

幸福的家庭，是一样的幸福。

不幸的家庭，各有各的不幸。

你经历的所有的痛苦，在这个世界上一定有千万人有相同的经历。

我把有关家庭教育的智慧与实用的方法相结合，用简洁的文字融进书中。

值得作为父母的你，阅之，行之。

吴子钦

2022年3月28日

# 推荐序

大家好，我是周文强，我一直致力于教育。

我最大的梦想不是自己实现财富自由，而是成为一名教育家，让所有人都能通过学习改变命运，通过学习实现财富自由、身心富足，让所有人通过学习都能变成正直、诚信、快乐、开心、富足、身心健康的人……

很多人会认为一个人长大以后能否成功，身心能否健全是由学校教育决定的，大部分家长都认为学校教育是唯一的教育，但实际上不是。这个世界上有三种教育：家庭教育、学校教育和技能培训教育。一个人长大以后能否诚信，能否成功，能否身心健康，能否富足，家庭教育占60%，学校教育占30%，社会教育只占10%。

在心理学界有这么一句话：幸福的人用童年疗愈一生，不幸的人用一生疗愈童年。为什么会有自卑、无为甚至轻生、暴力的学生？其本质是家庭教育出现的问题。如果把教育比喻成一棵树，家庭教育就是树根，学校教育就是树干，各种技能培训教育就是树的枝枝叶叶。我们要想让树开花结果，就得往根上浇水施肥，如果根腐烂了，树干再好，枝叶再茂盛，这棵树都不可能开花结果，因为这棵树一定会枯萎，甚至会死亡。所以对孩子的教育中，父母应该把家庭教育放在首位。

我出生在一个非常贫穷的家庭，初中都没有毕业，但是我为什么能够获得今天这样的成就，成为一个诚信、正直、阳光、富足的人？就是因为我的父母非常爱我，从小就给了我一个非常温暖的家庭。而我们有很多的父母，从小就打孩子、骂孩子，总说孩子什么都不行，否定孩子，就是因为这样，才让孩子自卑、内向，甚至让孩子感受不到这个世界的爱。我的父母虽然从小没有给我富足的生活，但是给了我满满的爱，他们从来没有打过我，也没有骂过我，更没有否定过我，是父母造就了今天的我。

在当今社会，孩子厌学、沉迷游戏、躺平不工作……还有的孩子自卑、内向、抑郁，甚至轻生，当遇到这样的问题，很多父母都很痛苦，都想解决这些问题，那如何解决呢？我希望大家在解决这些问题之前先记住一句话：“亲子关系大于亲子教育。”这是什么意思？教育的前提是先了解他、理解他、接受他、走进他。如果是两军对立的模式，你想教育他，那简直是蒸沙成饭一样不现实。所以要想教育孩子、教育好孩子，首先要修复与孩子的关系，而这本书籍就是专门教你如何修复你和孩子的关系，教你如何培育你和孩子的关系，教你如何重建你和孩子的关系。

和父母的关系就是孩子跟生命万物的关系，和父母的关系就是孩子跟财富的关系，和父母的关系就是孩子跟婚姻的关系。

为什么很多孩子长大以后婚姻不幸福，甚至恐婚？就是因为他们跟父母的关系不好。如果孩子出生在一个父母天天吵架、打架的家庭，孩子对婚姻是恐惧的，长大结婚后，很可能会将自己的婚姻经营成孩子曾经最讨厌的父母婚姻的模式，从而重蹈覆辙婚姻的不幸。

这世界上很多有钱人都是孝子，他们和父母建立了和谐良好的关系，也就和财富、和世界万物建立了良好的关系。所以，你赚不到大钱，即使赚到了钱也不能长久地留住，根源就在于和父母的关系不好。父母只有经营好亲子关系，孩子才会接受父母的教育，长大以后才能拥有幸福的婚姻、富足的财富和良好的社会关系。这本书的撰写初衷，就是帮助你修复亲子关系，教会你做一个与孩子共同成长进步的父母。

我辅导过很多家长，我经常问他们："你跟孩子关系怎么样？"他们都说："我跟我孩子关系可好了。"当我单独见到孩子的时候，我说："你跟爸爸妈妈的关系怎么样？"多数孩子给我的回答都是："一般吧！"所以，父母懂爱才是爱，不懂爱就是伤害。如果你能把这本书看懂了，能把这本书教的方法运用到你跟孩子的关系上，你的孩子的这一生是幸福的、是健康的、是富足的，你的孩子也会无比地孝顺你，你会拥有一个非常幸福的家庭，也会拥有一个非常完美的家族传承。

孩子就是一滴水，这滴水放在海水里就是海水，放在河水里就是河水，放在污水里就是污水，放在清水里就是清水。父母是原件，孩子是复印件。你想拥有什么样的孩子，你首先就要变成什么样的父母，因为身教大于言教。你的孩子天天玩手机，因为你回家天天玩手机。如果你一回家就把手机放下，天天看书，久而久之，你的孩子也会放下手机，爱上看书，这就是榜样的力量。

这本书是由杨韵冉老师和吴子钦老师合力打造，两位老师都是教育方面的专家。这本书融合了两位老师多年教育研究的成果和精华。这本书旨在唤醒天下尚未觉醒的父母，只有父母醒来，才能给孩子一个幸福、温暖、充满爱的家，孩子长大后也会给他的孩子一个他曾经拥有过的幸福童年，一代代传承下去。

无论我们在事业上获得多大的成功，都不能弥补我们在教育孩子上的失败。我们前半生以自己的父母为荣，后半生以自己的成就为荣，而到了我们的晚年是以孩子的成就为荣。希望全天下所有的父母都能够通过这本书觉醒，让每个孩子都拥有一个幸福的童年。

我是周文强，我爱你，如同爱自己。

# 教育篇

# 教育的意义

教育应该是在孩子心中点燃一把火，
而不是灌满一桶水；
教育应该是我们在行为上影响孩子、
思想上熏陶孩子、
精神上引领孩子，
让孩子心中有爱、
眼中有光、
脚下有路。

# 教育的目的

教育的目的就是唤醒，
唤醒孩子原本具足的内在智慧，
同时给孩子提供他需要的支持和引导，
帮助他更好地去认识、探索、
完成自己的生命课题。
所以家庭和学校，
是一个帮助孩子发现自我、
成就自我的场所。
而家庭是孩子的第一所学校，
家庭教育的作用远大于学校教育。

# 家庭教育不是爱好

夫妻之间最大的背叛不是出轨，
而是用尽一生的时间，
培养出无能的后代。
今天的孩子不是听你说什么，
不是看你做什么，
而是看你做到了什么。
家庭教育不是爱好，
而是责任。
教育孩子是我们此生最大的事业。

# 最好的教育是榜样

最好的家庭教育
和亲子教育来自榜样，
智慧的父母，
不会给孩子
强加太多自己的期许，
而是让孩子做自己。
去引导孩子看更多的人物传记，
学习历史名人……
引导孩子找到自己的兴趣爱好，
点燃自己的人生梦想。

# 家庭教育三大认知（一）

对于教育孩子而言，

核心是让他心理健康、

人格健全、

朝气蓬勃、

富有梦想，

努力成为堪当民族复兴的时代传承人。

# 家庭教育三大认知（二）

对于家庭教育而言，

核心不是先教育孩子，

而是先成长家长，

家庭是人生的第一课堂，

父母是孩子的第一任老师。

父母改变1%，

孩子改变100%。

家长的境界决定孩子的格局。

# 家庭教育三大认知（三）

真正的爱不是单纯的给予，
还包括适当的拒绝，
及时的赞美，
得体的批评，
恰当的争论，
必要的鼓励，
温柔的安慰和有效的督促。

# 家庭教育五大模型

一、指责型父母培养出
无能的孩子。

二、讨好型父母培养出
无边界、无原则的孩子。

三、阴晴不定型的父母
培养出纠结型人格的孩子。

四、留守型父母培养出
缺乏安全感、敏感的孩子。

五、榜样型父母培养出
持续学习、持续成长的孩子。

# 早期教育的重要性

俗话说：“一岁看小，
三岁看老，七岁定终身。”
孩子早期的教育，
对他的成长无比重要。
一个童年被亏待的孩子，
长大后不会善待这个世界；
一个童年被善待的孩子，
长大后不会亏待这个世界。
唯有父母重视孩子早期的教育，
才能让孩子有更好的未来。

# 此刻开始

家庭教育，

只要开始，永远不晚；

只要用心，就有可能。

此刻不管孩子多大，

只要家长开始从思维、

行为、语言上改变，

让孩子感觉自己被尊重、

被重视、被关爱，

孩子随时可以改变。

当然，

越早学习对孩子的成长越有利。

收获：（我学到了什么）

体验：（我感受到了什么）

决定：（我准备怎么使用）

传承：（我准备如何传承帮助他人）

# 概念篇

# 亲子教育

亲子教育就是给到孩子正确的认知，
言传身教地培养孩子正确的价值观，
培养孩子具有良好的道德品质、
有爱心、
有孝心、
有责任心，
成为善良的人，
对社会有贡献的人，
而父母就是孩子最好的榜样。

# 孩子

孩子是借父母而来，
却不是为父母而来；
孩子虽和父母同在，
却从不属于父母；
父母可以给孩子爱，
却不一定能给到他们思想；
父母可以庇佑孩子的身体，
却不一定能庇佑孩子的灵魂；
孩子也有自己的人生选择
和自己要走的路，
孩子也有自己的自由和思想。

# 梦想

亲子教育中切记，

不是让父母去完成孩子的梦想，

更不是把自己的梦想强加到孩子身上，

让孩子去帮你完成。

你要清楚的知道，

孩子的选择只代表孩子的向往，

我们只要在孩子的人生中，

重要的选择上帮忙分析，

让孩子做出理性的选择，

最后，

让他们勇敢地去追求属于自己的梦想。

# 爱

爱的本质是要给孩子
自由、宽容、欣赏。
以相信孩子为基础，
培养其独立性，
和独特的思维和品格，
让孩子在生活中拥有安身立命的资本。
培养孩子感恩和拼搏的精神，
帮孩子树立正确的“三观”，
懂得欣赏和宽容孩子，
让孩子在快乐和幸福的大背景下，
内心无比丰盛地生活着。

# 溺爱

在教育上，

溺爱是反教育规律的，

会阻碍儿童正常潜能的发展，

剥夺了孩子亲身体验生活的权利，

迫使孩子失去了很多生活能力。

溺爱更多的是培养出没有主见、窝里横、

没有同情心的孩子。

溺爱的出发点与爱的出发点相反，

是一种畸形的爱。

溺爱不是爱，

是披着爱的外衣去占有和控制，

其背后的心理基础是恐惧和不信任。

# 人性的优点

人都是有优点的，
只要父母愿意用一双
爱的眼睛去欣赏孩子，
每个孩子就都是值得父母骄傲的。
父母要始终相信自己的孩子是最优秀的，
积极地赞美自己的孩子。
让他们有信心，
持续发扬自己的优点和特长。
不要拿自己家孩子的短处
和别人家孩子的长处作横向比较，
要用发展的眼光，
从人性的角度去培养孩子。

# 心灵旅行

爱孩子就要走进孩子的内心世界，

看孩子缺什么就给点什么。

妈妈是孩子的胆量，

爸爸是孩子的靠山，

父母是孩子信心的来源。

孩子来到这个世界上汲取的最好养分，

便是来自家长的温暖。

很多成功人士在外呼风唤雨，

率领千军万马，

却走不进自己孩子的内心世界。

# 少儿财商

少儿财商是孩子成才的必修课，
从小培养孩子正确的金钱观，
树立正确的人生观，
升起梦想，
越早接触越好，
让孩子认识财富，
学会创富、守富、用富、传富，
成为高财商、高智商
和高情商的少年。

# 消极思维的家庭雕塑

父母中有人是苛求之人，
喜欢打骂、批评孩子，
时常干涉、包办孩子的事情，
缺乏同情心，缺乏宽容，
专制、暴躁、不明事理，
指责是这个家庭的主基调。
父母对孩子要求过高，
对自己要求过低，
父母过度专制，
不让孩子表现，
夫妻不和，与孩子关系紧张，
家长不爱学习甚至排斥学习。

对照以上各类情况，你的家庭有吗？

# 父母的三种爱

懂爱才是爱，不懂爱是伤害，

爱得多不如爱得对。

父母的爱分三种：

一、担心的爱

担心的爱=爱+诅咒，

与其担心不如祝福。

二、盲目的爱

盲目的爱=爱+摧残，

容易传递给孩子归罪于外的概念，

许多父母都用爱的名义折磨孩子，

毁掉孩子的前途，

折下孩子的翅膀。

三、智慧的爱

智慧的爱=爱+自由，

爱+尊重，爱+支持。

我爱你，

但我并不要求你必须爱我。

收获：（我学到了什么）

体验：（我感受到了什么）

决定：（我准备怎么使用）

传承：（我准备如何传承帮助他人）

# 角色篇

# 为人父母

为人父母这个职业，
没有岗前培训，
直接任命上岗，
并且不能辞职、不能请假，
这是一条修行之路。
我们和孩子共走一段注定要分离的旅程，
告诉孩子要勇敢去闯，
为梦想吃苦是一件很酷的事，
父母要成为孩子的梦想合伙人。

# 家长的角色

家长的角色，
不是所谓的教育好孩子，
改造好孩子。
而是，
家长通过孕育孩子
以及带孩子的过程，
自己的生命慢慢觉醒，
从而变成智慧型的父母。
家长是原件，
孩子是复印件，
原件的品质，
决定了复印件的品质。

# 身份的转换

很多家长抱怨自己的孩子，
说孩子越长大越不听话，
越来越不愿意和父母沟通，
其实这不见得是孩子不听话，
家长的教育方式也有一定的影响。
父母应该学会进行身份的转换，
从高高在上的家长身份，
转换为朋友的身份与孩子共情，
让孩子感受到你理解他。

## 父母类型之控制型

事无巨细地帮孩子做，
剥夺孩子自我成长的权利，
对孩子有过高的期望值，
忽略孩子的内在承受能力，
最终会培养出无能型的孩子；
这种孩子对父母没有爱，
没有感恩，
只有怨恨。
家长事事操心，
孩子必定不省心。

# 父母类型之焦虑型

口头禅：烦死啦……

你焦虑，情绪不稳定，

孩子必定焦虑。

看不到孩子身上的优点，

总拿孩子的缺点与别人的优点对比。

一个焦虑型的父母，

孩子会用99%的精力应付你的焦虑。

在这样的环境下成长，

会影响孩子的生长发育。

中医讲恐伤肾，

也就是恐惧会影响肾脏的发育，

做不焦虑的父母，

让孩子健康成长。

# 父母类型之依赖型

说孩子有恋父/母情结的，

明明是父/母恋孩子。

很多时候是家长离不开孩子。

依赖型的家长培养出依赖型的孩子，

这个世界上，

所有的爱都是为了相聚，

只有父母与孩子的爱，

是走向分离。

亲子关系是一场渐行渐远的旅程，

孩子只有变得独立了，

父母与孩子才能更好地分离。

# 父母类型之指责型

指责型父母的口头禅：

你怎么……

要不是因为你……我……

（食指向下）

永远培养不出成功的孩子，

只会培养出讨好型性格的孩子。

你现在如何对待你的孩子，

长大后也吸引别人怎么对他，

他也没有能力孝敬父母，

更没有良好的沟通能力，

没有能力过好自己的生活。

# 保姆型父母

特征：愿意为孩子花钱报班，

报课程，自己不主动学习。

维度：四流。

专注：学观念。

结果：你帮孩子抵挡一切，

却让孩子独自面对世界。

孩子遇到挫折，

承受能力弱，

容易退缩和放弃。

# 领袖型父母

特征：活出自己，

引领孩子超越梦想，绽放精彩，

成为孩子乃至人类的榜样。

维度：一流。

专注：学原理(懂得生发智慧)。

结果：不仅能影响自己的孩子，

更能帮助他人从根源上发现问题，

解决问题乃至杜绝问题的发生。

# 成长型思维家长

积极成长型思维的家长，
在面对孩子的问题时，
先从自己身上找原因。
会和孩子好好沟通，
并通过学习改变自己，
想办法解决问题。
相信没有教育不好的孩子，
只有不懂教育的父母，
去发现孩子的优点，
不断地赞美和鼓励孩子，
让孩子感受到关爱和尊重。
和孩子成为很好的朋友。

# 固定型思维家长

消极固定型思维的家长，
在孩子出现问题时发火，
或表示无奈，
认为是孩子的错误，
是另一半不懂教育引起的，
是学校老师的问题，
认为孩子没救了，
只看孩子的缺点，
看不到孩子身上的优点，
更不尊重孩子，
到处向人倾诉自己孩子的缺点。

# 导师型父母的三大认知

1. 我必须成为终身成长者，
持续引领孩子成长。
2. 孩子不仅是我的，
他更属于社会和他自己。
3. 明白生命的意义：
孩子的生命是独立的个体，
来到这个世界上是必然的，
只是恰好与我们有缘，
由我们负责
迎接、承载、见证和陪伴。

# 观察者家长

家长不要变成帮助孩子解决问题的人，
遇到问题时，
要锻炼孩子自己解决问题的能力。
孩子需要通过解决问题来成长，
家长要做孩子的观察者，
而不是介入者。
对于孩子的一些行为可以适当影响，
但不能直接插手，
要多给孩子做正向榜样。

# 爸爸的影响力

爸爸是女儿爱的第一个男人，
和爸爸的关系，
会影响她对亲密关系的期待。
缺少父爱的女孩容易早恋，
选择的伴侣往往也不会太如意，
容易吸引渣男。
有女儿的爸爸要做到：
1. 多鼓励女儿，建立孩子的价值感。
2. 给足仪式感，让女儿感受到幸福。
3. 好好爱她妈妈，
让她感受到有责任心男人的魅力。
4. 戒掉自己的不良嗜好，
不然她会因为爱你而去改变你，
当改变不了你的时候，
她未来就可能找一个
和你一样的男人来改造。

收获:(我学到了什么)

体验:(我感受到了什么)

决定:(我准备怎么使用)

传承:(我准备如何传承帮助他人)

# 心态篇

# 亲子教育六心

[爱心]

让孩子确信，

自己是被父母无条件地爱着的。

[耐心]

慢就是快，

每个孩子都有他的花期，

父母不要急于求成。

[童心]

与孩子沟通时要进入孩子的内心世界，

站在孩子的角度去思考问题。

[谦卑之心]

用未来的眼光看现在的孩子教育，

父母现在懂得太少了。

[平常心]

耐心地陪伴孩子，静待花开。

[自我成长之心]

把家庭当成自我成长的道场，

不断地看书、拜师、精进自己。

# 父母的三颗心

[同理心]

父母要理解接纳孩子。

特别是在孩子面对

失败和挫折的时候。

[责任心]

帮助引导孩子，

很多父母喜欢当甩手掌柜，

骂完打完就不管了

一点问题都没有解决。

父母要做的是帮助和激发孩子。

帮助孩子分析失败的原因，

定下可以改善局面的行动计划。

[长期心]

当你站在未来看现在，

没有一个人，

可以一直站在金字塔的顶端，

再厉害的人，也有马失前蹄的时候，

因此需要激发孩子越挫越勇的斗志。

# 高能量的6句话

1. 孩子不管发生什么事，
我都会和你在一起，
我永远爱你。
——培养孩子的安全感

2. 你是独一无二的，
走你的路，活出你自己。
——培养孩子的价值感

3. 也许你是对的，
我只是建议，决定权在你。
——培养孩子的自尊心与独立自主能力

4. 相信你能处理好自己的事情，

如果你需要，我会和你一起面对，

尽我的力量协助你。

——培养孩子的自信心

5. 你无论做得怎么样，表现得如何，

你都是我最亲爱的孩子，我依然爱你。

——给予孩子无条件接纳与鼓励

6. 我欣赏你这种行为，

不接纳你另一种行为，

这不表示我是对的，你是错的，

但一切都必须自己体验并承担。

——培养孩子的个性化与责任感

# 亲子教育速成法

爸爸/妈妈，

我被您努力的样子感动，

也想成为您这样的人。

最好的教育不是让孩子学，

而是做给孩子看；

不是教孩子努力，

而是奋斗给孩子看；

不是让孩子坚持到底，

而是把永不放弃的精神，

活生生地展现在孩子的面前。

闭上你的嘴，

迈开你的腿，

走好你的人生路演示给孩子看。

# 爱是一种感觉

如何表达自己爱孩子?

爱是一种感觉,

你爱你的孩子,

不需要你刻意去表达,

你的孩子就能够感觉得到。

一、发自内心的爱。

二、带孩子去释放。

愿意花时间陪孩子,

陪孩子去玩耍、陪孩子去观世界,

帮孩子树立正确的价值观。

爱的资源不是爱,

美好的感觉才是爱。

# 消极与积极

消极的人，

认为孩子只要学习好，

将来能考个好大学就可以了，

不能让孩子吃苦，

也不能让孩子吃亏。

积极的人，

不会让孩子做井底之蛙，

他们激励孩子不断地进取，

眼界决定未来，自己做孩子的榜样。

孩子热爱学习的好习惯，

比他是不是第一名更重要。

父母要让孩子有不同的生活体验，

构建积极阳光的人生。

# 不同的经营风格

不同思维方式的家长，
对待家庭的态度也不同：
消极的人，
凑合着过，爱找借口，
推卸责任，自视清高，
认为钱财是万恶之源，
时常让家人感觉不安。
积极思维的人不断努力，
相信通过不断地提升自己，
可以改变家族的命运。
遇到问题主动去解决，
学会管理风险，
认为贫困才是万恶之本，
学会让钱生钱，
把家庭经营得充满希望。

# 持续相信

信念不改，人生不变；
观念一变，奇迹出现。
家庭教育并不难，
首先要改变信任的问题。
家庭教育依托不了任何人，
再高级的学校，
也替代不了家庭对孩子的影响；
再好的老师，
都永远没有办法替代家长对孩子的熏陶。
孩子的教育是我们持续相信的结果。

# 三句话解决焦虑

爱面子、

很在意别人的眼光、

追求完美、

情绪混乱等，

是焦虑型父母的特征。

送给焦虑型父母的三句话：

1. 没有人高看你。

2. 没有人低看你。

3. 没有人看你。

# 学会分离

父母、子女之间的缘分，
从一开始就指向了分离，
只有让孩子脱离父母的羽翼，
才能让他成为他自己。
“在这个世界上，
所有的爱都是以聚合为最终目的，
只有一种爱是为了分离，
那就是父母对孩子的爱。”
父母真正成功的爱，
不是把孩子留在身边，
而是培养孩子的独立性，
放手让孩子走。

# 和孩子说

孩子，

感谢你来到我的身边，

选择我当你的父母，

我不仅想给你更好的生活，

还要给你更富足的爱。

第一次做父母，

请多包涵！

未来让我们一起努力，

成长得更好，

你未长大我还未老，

长长的路，慢慢地走，

世界很大，幸福很小，

有你甜度刚刚好！

收获:（我学到了什么）

体验:（我感受到了什么）

决定:（我准备怎么使用）

传承:（我准备如何传承帮助他人）

# 认知篇

# 语言和行为

父母的语言暴力和行为暴力，
是破坏亲子关系的两把利刃。
亲子教育中，
父母要时刻觉察自己的言行，
切忌在孩子身上，
使用语言暴力和行为暴力。
已经有这样习惯的家长，
可以做刻意的改正练习，
父母能做到这一点，
就是孩子最大的幸福。

# 幸福婚姻的缔造者

想让孩子婚姻幸福，
首先父母自己要做出榜样，
从小给孩子树立正确的
恋爱观和婚姻观。
在孩子选择伴侣的时候，
不管你认为是好是坏，
都不做过多的干涉，
给孩子信任和爱，
让孩子保持良好的意识体系，
让孩子为自己做主，
进而也会为自己的选择承担责任。

# 与父母爱的关联

你爱你的母亲，
你将会超越你的母亲；
你不爱你的母亲，
你将会成为你的母亲。
你爱你的父亲，
你将会超越你的父亲；
你不爱你的父亲，
你将会成为你的父亲。
这段话读20遍，
会有不一样的收获，
并请写下你的体会与决定。

# 不同的认知

父母用负面的意识，
去想着孩子负面的问题。
你孩子的结果，
真的会如你期待的那样，
展现在你的面前。
这个世界会把你想象的事情，
在你的身上和你孩子的身上发生。
意识创造一切，
良好的家庭教育，
先从父母觉察自己的意识开始。
父母要觉察自己，
通过学习、训练，
不断地调整自己，
成为成长型思维模式的人。

# 关于孩子教育

焦虑的父母，
在孩子本不应该承受的年龄，
把各种补习班给孩子报满，
甚至早早设定了物质攀比，
孩子需要有童年该有的体验。
家长不要剥夺了孩子该有的快乐，
先帮助孩子建立正确的价值观，
和培养孩子主动学习的能力，
让孩子的内在长出内驱力，
搞懂为什么学比怎么学更重要。

# 值得重视

教育是走不了捷径的，
只有持续学习的家长，
发现问题、解决问题、
防患问题的能力才会提升。
孩子12岁以前，
是最好的家庭教育节点，
这个时间段重视家庭教育的话，
就不会出现后面的很多问题。
孩子12岁以后出现的问题，
家长在修正和解决时，
就会复杂一些。

# 拿掉固有认知

过去的家庭教育中若犯过错误，
家长不要一味地自责愧疚，
不要只想着去弥补孩子，
真正需要修正的，
是你自己内在的错误认知，
需要修炼的是自己的配得感，
要相信自己的孩子是最棒的。
知道自己曾经那样做，
是为了创造美好生活，
让自己今后以更好的样子来陪伴孩子。

# 边学边用

家庭教育过程中，

只要父母教育的大方向是对的，

就不要纠结在小事情上。

身为父母，

一定要觉察自己

是否有固有的认知和看法，

不要给自己的大脑上枷锁，

要用正确的方式给到孩子充足的爱，

去学习平衡之道，

边学边用，

幸福传承。

# 你该做的

我们要做的无非是
把自己还给自己，
把孩子还给孩子，
让花成花，
让树成树。
不再把自己的幸福和快乐，
寄托在孩子身上，
不让孩子成为自己的梦想傀儡。
开始明白我们自己是一切问题的根源，
爱是一切问题的答案，
孩子才会有更多的空间去绽放自己，
活出自我。

# 叛逆不是孩子的错

世界上本来不存在叛逆这个词

“叛逆”一词，

是家长为了表达孩子不顺从自己，

不能按照自己的意愿成长

而设计出来的。

所谓叛逆，

是孩子自我性格的形成，

与家长的期望值未达成一致，

孩子想摆脱家长的监护，

便采取了与其期望相反的

态度和言行。

孩子在成长，

而家长的教育一直在原地踏步，

这便造就了孩子“叛逆”的表象，

所以，叛逆不只是孩子的原因。

# 能早就不要晚

人生目标形成的越早，
一个人成功的机会就越大，
付出的代价就越小。
遗憾的是，
我们的教育过分关注知识掌握，
很少让孩子去发现自己的人生目标，
当一个孩子发现不了自己人生目标的时候，
他没办法坚持自己喜欢做的事情，
久而久之，会养成目光短浅，
承受不住失败和挫折的秉性。
虽然人生目标形成越早越好，
但人生任何阶段立志都不晚，
只要我们坚定目标，
并百分百的付诸于实际行动。

# 不感恩的根源

孩子不懂得体谅父母的辛苦，
只有一个原因，
就是父母太溺爱孩子了。
所有的事情，
父母都想帮着孩子去做，
用自己的行为把孩子保护起来，
认为这就是对孩子的爱。
可最后孩子以为家长为自己做
所有的事情都是应该的。
是家长亲手培养出一个
不懂感恩的孩子。

# 反思

在当下的社会环境中，
很多家长都会为孩子的教育而焦虑，
你给孩子传递了勇气、
信心、力量、积极阳光正能量，
还是传递了担忧、焦虑和无助？
你为什么心中会充满了担忧和焦虑？
你还要让这种状态持续多久？
你有想过改变吗？

# 孩子的体验

孩子的恋爱以及两性关系，
是孩子自己要体验的人生功课，
父母不要打压、
不要反对、
不要剥夺孩子对于爱情的美好向往，
以及自由选择的权利，
给到孩子爱和信任，
把决策权交给孩子。
父母在恰当的时候，
给到孩子正确的引导和帮助，
千万不要剥夺孩子自己体验和决定的权利。

收获:(我学到了什么)

体验:(我感受到了什么)

决定:(我准备怎么使用)

传承:(我准备如何传承帮助他人)

# 沟通篇

# 沟通氛围很重要

人是环境的产物，
通常我们去谈合作谈工作，
会找茶室或咖啡厅，
而不去家里，
为什么？
同样的，与孩子沟通的时候，
也要注意沟通环境和氛围，
合适的话题要配上合适的环境。
人的心境会跟着环境改变，
心境改变了再谈话的时候，
沟通效率和质量都会提升。

# 和孩子沟通要专注

孩子和你讲话时，

你有多么的漫不经心，

孩子就有多么的失落。

很多家长和孩子讲话的时候，

总是边忙其他的事情边回应孩子，

家长不耐烦了，就开始各种应付回答。

亲子之间的很多问题，

都出现在不当的沟通上。

高质量的沟通，

高质量的陪伴，

创造高质量的亲子关系。

# 如何平等地沟通

一、态度要最好。

我们和孩子沟通时，

心平气和、平静、有爱，

给到孩子母爱的力量，

或者父爱的力量。

二、平等和尊重。

孩子需要被尊重。

早期的幼儿，

父母可以坐在地上，

或是跪在地上来跟孩子沟通，

与孩子有一个平等的距离，

而不是让孩子抬起头仰视你。

# 交流要关注的三件事

一、父母要多关注

孩子做到的事情。

孩子做到的事情得到认可，

才能激发孩子

更多自信心和成就感。

二、多关注过程，少关注结果。

对于孩子来说过程同样重要。

三、关注理所当然的事情。

越是理所当然的事情被关注，

越容易激发孩子的动力和坚韧。

# 怼孩子的后果

很多孩子见到家长，
就像老鼠见了猫一样唯唯诺诺，
不敢说出自己的想法。
因为孩子一开口，
就被家长顶了回去，
很多家长把孩子的想法，
直接扼杀在了摇篮里。
长此以往，
家长很难从孩子口中获得更多有效信息，
这让亲子沟通变得更加费劲。
家长经常怼孩子，
容易造成孩子思维懒惰，
不再敢于动脑思考，
不敢说出自己真实的想法，
会逐渐变得不自信和寡言少语。

# 父母的言行

孩子小的时候，
父母的话，
正面或负面直接进入
孩子的潜意识。
因此，
父母不要冲动地与孩子沟通。
保护好孩子的人脉圈，
别让孩子受到不良影响。
别让孩子无助，
要多关爱孩子。
父母的语言里，
藏着孩子三十年后的模样。

# 父母语言的影响

1. 你为什么就不能够……

怎么样呢?

孩子被对比会增加他们本能的敌对情绪,

甚至耿耿于怀,

父母应该对孩子讲清楚具体要求,

重点放在你希望孩子改变的不良行为上,

而非对比上。

2. 你为什么这么不懂事呢?

被话刺伤的孩子只会心生叛逆,

把事情变得更糟,

要和颜悦色,耐心讲理,

才能达到预期的目的。

3. 你简直笨到家了。

这句话会使孩子的心灵受到极大的伤害，

因此产生自卑感，不求上进，

家长正面积极的鼓励和有效的帮助，

是让孩子养成良好习惯和掌握本能的方法。

4. 走开，能不能让我安静一会儿？

会使孩子觉得自己是多余的人，

产生无以名状的孤独感。

倘若你的确太忙，需要独自待一会儿，

可以耐心向孩子解释：

我很乐意和你在一起，

只不过现在太忙了，请原谅……

5. 少啰唆，闭嘴。

孩子会认为父母对我的意见一点也不重视，

长此以往孩子会变得毫无主见，

依赖性极强，

把自己看成一个无足轻重的人。

6. 经常吓唬孩子。

你不干嘛干嘛，就怎样怎样，

空洞的威胁，最终将损害家长的威信，

孩子反而会继续自己的不良行为，

看你怎么办。

最好的办法，

就是根据实际情况从问题本身出发。

7. 对孩子说揍死你。

当你说出这句话时

表明你再也拿不出什么好办法，

这是一句根本无法兑现的话，

孩子根本不会因此而停止他的行为。

8. 你滚吧，想去哪里去哪里！

最后通牒式的话让孩子没法应对。

他虽然不想离家出走，但更不想因此低头，

任性的孩子可能会逞一回英雄，

真的离家出走。

这个时候应该明确指出孩子的错误，

即使在批评的时候，

也让他感受到父母的慈爱和关切。

你的孩子，你不爱谁爱呢？

# 冷语言的伤害

从心理学角度看，

冷语言是一种精神虐待，

它的伤害指数，

有时甚至比打骂的伤害力还要大。

良言一句三冬暖，

恶语伤人六月寒。

尤其对孩子来讲，

父母对他们的言语更加重要，

可仍有很多家长还在用这种方式伤害孩子，

家长应该避免这样的语言模式和行为，

要对孩子多使用些积极的语言，

多尝试和孩子进行良好的沟通。

# 多说孩子喜欢听的话

生活中很多家长，
总是希望孩子听自己的话，
现实往往总是不如意。
因为家长说的话，
很有可能是孩子不喜欢听的话，
孩子不喜欢，
自然也不愿意照做。
想想小时候
我们希望父母对我们说什么？
如：我有个麻烦事需要你帮我一下；
这件事你自己做决定；
你的感受我能理解，
我应该怎么支持你呢？

# 沟通不畅时这样做

有时候亲子之间出现了沟通问题，

如若处理不当，

很容易导致双方发生争吵。

这时候，

家长可以采取写邮件、写信等方式，

来和孩子缓和地沟通，

这样做的好处有：

1. 写信的时候家长心情处于平静状态，

每一句话都可以反复地斟酌，

避免了因为生气而说出心直口快的话，

伤害到孩子。

2. 写信的时候，

人们更容易表达出

平时因不好意思而憋在心里的温暖的话。

3. 人们在写信的时候，

常常思绪万千，

更容易展现出大格局和大爱。

4. 当孩子回信的时候，

孩子也可以表达出自己

平时不敢说、不想说、不好意思说的话，

同时还能锻炼孩子的写作能力。

收获：（我学到了什么）

体验：（我感受到了什么）

决定：（我准备怎么使用）

传承：（我准备如何传承帮助他人）

# 技能篇

# 稳定的情绪

给孩子最好的礼物，

莫过于父母稳定的情绪。

能接纳孩子的情绪，

是家庭教育的开始。

孩子通常会把自己的情绪，

放在“背包”里带回到家中，

想在父母带给的安全感中，

卸下情绪释放出来。

但是没想到，

父母的情绪不够稳定，

孩子又把自己的情绪装回“背包”里，

久而久之孩子的情绪背包越来越厚重。

# 正向的引导

父母要学会在孩子的潜意识里，
种下积极正面的信念。
拥有正面思维的父母，
总是能发现孩子身上的优点。
从日常中发现孩子难得的天赋，
并不断给予肯定和赞美；
而拥有负面思维的父母，
总是盯着孩子的“缺点”看，
三句话不离缺点。
在他们眼中，
孩子的短板是不可接受的。
孩子的自信会受到腐蚀，
无形中影响着孩子的终身命运。
缺点像星星，优点像太阳。
星星繁多，
但当太阳出现，星星就不见了。

# 信任的体现

信任孩子是亲子关系的基础，
信任体现在方方面面，
最主要是在言语和行为上，
父母要让孩子感受到他是被信任的。
比如：
不私自翻看他的书包，
不翻看他的手机，
不在背后打听他的事情，
在孩子犯了错误缺乏自信的时候，
家长第一时间不要去指责，
首先要相信他。
这个过程中，
孩子会自然接收到爱的力量，
信任的力量。

# 读懂情绪

情绪是亲子教育里面
必修的一门功课，
读懂孩子情绪背后的需求，
是修复和疗愈个人性格的方式，
孩子的性格里都有着父母的影子，
修情绪，做共情，
也是一种弥补亲子关系的方式。
多拥抱孩子，
多陪伴孩子，
接纳孩子的情绪，
内在情绪越早发泄出来越好。

# 转折句的妙用

孩子最不喜欢听“但是”这两个字，

核心的本质，

就是“但是”这两个字的后面，

代表的是条件和延迟满足，

这会让孩子感受到自己有点被威胁，

这也会触碰到孩子的情绪开关。

家长可以把话倒过来说，

如：我准备给你买最喜欢的玩具，

但是你得乖乖听话才可以。

倒：你最近表现很乖，

妈妈考虑给你买你最喜欢的玩具。

积极的语言，

总能给别人能量和动力；

消极的语言，

总能给别人情绪和打击。

# 三大底线

我们常对一些出格的事情，

评价为“毫无底线可言”。

许多孩子在法律惩罚面前，

完全不知道自己错在哪里，

这就是家庭教育中底线教育的缺失！

孩子从小要知道的三大底线：

一、身体底线(性教育)。

二、生命底线(生命只有一次，没有回头路)。

三、法律底线。

告诉孩子，要敬畏法律，遵守法律，

要懂法律知识，

任何时候都不要做违法的行为。

# 养出好习惯

成功的教育从好习惯培养开始，
古往今来所有大成者，
都是养成了好的习惯。
鲁迅先生为了防止上学迟到，
在自己的课桌上刻上一个“早”字，
时刻提醒自己要早。
经过长期的坚持，
良好习惯使他成为中国伟大的作家。
让孩子养成良好的行为习惯，
掌握正确的方法，
才能掌握自己的命运。

# 帮出好人生

智慧的父母，

“帮”孩子一把，

让孩子终身受益。

愚钝的父母，

拖孩子的后腿，

扼杀孩子的天赋。

“帮”不是替孩子做某些事，

而是用正确的价值观，

引导孩子往正确的方向发展。

童年教育的“帮”，

引导孩子树立正确的价值观，

深深影响着孩子的一生。

# 规矩

懂不懂规矩，

不仅决定了一个人的教养，

还决定了一个人能否走得更远。

家长一定要给孩子立的4条规矩：

1.要遵纪守法。

有规矩的家庭，

孩子懂得遵纪守法，

没有规矩的家庭，

孩子无法无天自食恶果。

2.要敬畏规则。

父母守规矩，孩子才能知边界，

不侵犯别人的利益，

孩子的安全才有保障。

3. 要敢于承担责任。有利他之心。

有规矩的家庭，孩子就有担当；

敢于承担责任，有爱心，知利他；

没有规矩的家庭，孩子放荡不羁，目中无人。

4. 要懂感恩。

人生最大的悲哀，

莫过于养出一个不懂感恩的孩子。

有规矩的家庭，

孩子看得见别人的付出，知道感恩。

没有规矩的家庭，

孩子认为一切都是理所当然。

# 造场

智慧型父母，
会打造学习型家庭氛围，
自己持续不断学习的同时，
用古圣先贤的智慧去影响孩子，
用名人传记去放大孩子的梦想，
用陪伴旅行扩大孩子的格局和眼界。
这个过程中，
自然而然也营造出了家庭学习的氛围。
孩子有父母的智慧引领，
有打开自己眼界的不同方式，
也有了自己的体验和感悟。

# 培养孩子的责任心

对于孩子来说

自己分内的事情能独立做好，

就是有责任心。

责任心是被表扬出来的，

很多家长不会表扬孩子，

只会打压孩子。

当孩子独立完成自己的事情后，

家长一定要给予孩子及时的表扬。

表扬是对孩子结果的肯定，

孩子也会因此越来越自信。

家长有责任心，

就是培养孩子责任心

最直接的方式。

# 培养好奇心

人类所有的探索都源于好奇心。
好奇来源于有独立思考的能力，
在培养孩子的好奇心时，
其实也顺带在培养他的想象力，
而这个过程，
最终会带来创造力、独立性加上好奇心，
就会带来无穷的创造力。
在创意与创新方面，
要越早培养越好，
初中以后就不容易培养了。
培养好奇心从带孩子多体验开始，
从问孩子“为什么”开始，
“你对此有什么看法？”
并积极回答孩子的“为什么？”

# 培养男孩的四大原则

一、从小就要让男孩，
具有男子汉意识，
当然父亲的榜样力量很大。
二、千万别对男孩来硬的，
要和男孩做朋友。
男孩最怕没有人理解，
没人支持以及没有自由。
三、别让你的男孩太富有。
这个富有是：
钱财的充裕和父母的溺爱。
四、从小培养男孩的成功个性，
父母要引导男孩
去积累成功的能力和品质。

收获：（我学到了什么）

体验：（我感受到了什么）

决定：（我准备怎么使用）

传承：（我准备如何传承帮助他人）

# 要与不要篇

# 不要忽略爱

很多父母会认为，

孩子三岁前怎么对待都可以，

反正记不住。

但事实是孩子越小，

越需要呵护和照顾，

特别是出生后的前6个月。

如果婴儿从小严重缺乏爱，

就会导致很严重的心理问题，

对于一岁前的婴儿来说，

怎么爱都不过分，

不要忽略了孩子，

在婴幼儿时期的爱与呵护。

# 不要轻易欺骗孩子

对于国家来说有征信，

对于朋友来说有信用，

对于生意来说有诚信，

对于孩子来说也有亲子信用。

一旦你对孩子不讲信用，

直接危害是：

1. 孩子不再信任你，亲子关系糟糕。

2. 孩子会模仿你，变得没有信用。

你对孩子的每一次失信，

都会变成欺骗回到你这里。

父母的威信不是与生俱来的，

而是通过各种行为树立起来的。

最重要的途径就是以身作则、

以身示教。

# 不要私下批评孩子

大多数人都对一件事情非常反感，
就是背后被别人议论，
尤其是青春期的孩子，
正是身体和心理快速成长的阶段，
这个时期受生长激素的影响，
容易表现得敏感和焦虑，
他们特别在意别人的眼光。

当他发现你在背后议论他，
他会定义为你是在批评他，
这会让他感到焦躁不安，
会怀疑自己哪里没做好，
什么地方又让你不满意了，
很容易引发孩子的自卑和逆反心理。
当然也有一种修复关系的法宝：
私下总是夸孩子！！！

# 不要传递否定式语言

孩子说：爸爸，我想当数学家。
爸爸会说：你拉倒吧，
你那数学成绩还没有我小时候好！
这样的沟通形式，
在我们身边并不少见。
孩子是最容易被语言影响和暗示的，
不要总是用否定性的语言对孩子讲话，
会大大地打击孩子的自信心。
当孩子提出一些大胆的想法时，
父母最应该做的是赞赏和鼓励，
而不是泼冷水。
梦想还是要有的，
这是我们能够前进的精神力量。

# 不要攻击孩子的人格

我们成年人发生争吵的时候
往往吵到最后，
就不再是就事论事了，
反而相互攻击对方的人格。
如:“你就是个忘恩负义的人”
“你就是个不守信用的人”
因为一点小事
就牵连到对方的人格。
家长在指责孩子的时候，
动不动就会攻击孩子的人格:
责备孩子是不守时的人;
调皮捣蛋的人;
没长心眼的人……
这种消极标签可是满满的暴击呀!

# 不要过度地暗示

家长会对孩子说：
“这件事非常简单，
是个人都会，你试试吧！”
家长这样说，
孩子的心理压力反而特别大，
万一没做好，
孩子会自我定义：
“我是不是比别人笨呢？
这么简单的事情我都做不好。”
从而产生自卑感。
孩子如果做得好，
会觉得这件事情本身就很简单，
在爸爸妈妈眼里就没有自豪感了。
家长可以尝试这样说：“试试看，
这个事情看起来好像有点难度。”

# 批评孩子时的禁忌

1. 不给孩子申辩的机会；

2. 家长喋喋不休；

3. 对孩子大吼大叫；

4. 话题东拉西扯；

5. 说狠话吓孩子；

6. 当众人的面批评孩子；

7. 随意地批评孩子；

8. 以点概面；

9. 家长错了不向孩子道歉；

10. 不看时机；

11. 老是揭孩子伤疤；

12. 居高临下，盛气凌人。

# 父母不要过度牺牲

有一种家庭现象叫，
中国式的牺牲付出。
父亲或母亲失去了自我，
完全为孩子而活，
这样的人既压抑又隐忍，
觉得全世界都对不起自己，
口头禅是：“我还不是为了你。”
一旦有了伤痛和不公，
就会希望获得代价和补偿，
接着便会破坏两个人，
甚至整个家庭的关系。
牺牲式的付出，
并不会给任何人带来幸福，
甚至会让对方承受生命不能承受之重。

# 不要被孩子操纵

慈父严母、

慈母严父，

这样的教育方式有一定的弊端。

过于严格的一方，

会让孩子产生恐惧心理，

过于和善的一方，

会被孩子操纵掌控。

两方同时存在时，

孩子就会动用被他操控的一方，

来教育引导那个令他恐惧的一方，

结果就是引发夫妻双方的矛盾。

# 不做受害者

受害者心态，

会导致你所需要的关怀是一个无底洞，

会消磨掉你心底的爱，

令人最终感到厌倦，

慢慢地离开……

对待受害者，

我们要保持什么样的态度呢？

不做受害者，不靠近受害者，

不可怜受害者。

不管是父母还是孩子，

永远不要做受害者，

做受害者是无能者的游戏。

# 要以身作则

想要孩子做到，

父母先要做到，

想要孩子变优秀，

父母首先要努力变优秀。

通过孩子的行为反思自己的行为。

一流的父母懂放手，

二流的父母紧盯孩子，

很多事情，

不是孩子有责任感你才放手。

而是你放手了，

孩子才有责任感。

# 要表扬孩子的责任心

对于孩子来说，
自己分内的事情能独立做好，
就是有责任心。
责任心是被表扬出来的，
很多家长不会表扬孩子，
只会打压孩子，
孩子独立完成自己的事情后，
家长一定要及时给予表扬，
这是对孩子结果的肯定，
能让孩子越来越自信。
做有责任心的家长，
也是培养孩子责任心最好的榜样。

# 要言传身教

很多家长，

无条件地爱自己的孩子，

但是对自己的父母却不孝顺。

还期待自己的孩子对自己孝顺，

这是自欺欺人，

20年后，

你的孩子也会如你一样，

只会无条件地爱自己的孩子，

而忽视你的存在。

若你是孝顺到极致的人，

那你的孩子也一定是孝顺的人。

好的教育是：做给孩子看。

# 要静待花开

培养孩子去看人物自传，

陪孩子找到对标人物，

培养孩子去读历史，

陪孩子多去旅行，

帮孩子找到好老师，

带孩子进入正能量圈子。

这个过程中，

孩子会升出伟大的梦想，

家长只需要给予爱和高质量的陪伴。

# 要允许孩子试错

把孩子的错误和失败
变成激励孩子最好的借力点，
允许孩子
在成长的每个阶段犯错，
家长要做正确的引导和适当的疗愈。
不要过度地去关注问题、解读问题，
世界上没有有问题的孩子，
只有读不懂孩子需求的家长。

# 要高质量地陪伴

高质量的陪伴是解决很多问题的根源，

1. 以孩子为主导；

2. 以情感联结为目的；

3. 以亲子游戏为切入点；

4. 积极引导；

5. 读懂孩子的需求；

6. 陪孩子重复地练习。

# 要正确地给予

给予孩子充足的心理营养，
让孩子活出有自信、有力量、
有梦想、有尊严、有爱地绽放的状态，
给予孩子无条件的爱和足够的安全感，
给孩子足够的自我成长、自我探索的空间，
陪伴孩子走更多的路、读更多的书，
与更多有趣的人交流，
与世界建立更广泛的连接。
不走出去，家就是他的世界，
走出去，世界就是他的家。

# 要多按确认键

关注事情是控制，
关注心情是爱的开始。
智慧的父母，
会带给孩子成就感和存在感，
他们会先关注孩子做得好的部分，
10道题做对8道。
智慧的父母会说：
“孩子你好厉害，
10道题你对了8道，
再认真一点点，
你就可以全对了。”
先看到孩子做得好的地方，
并给他按下确认键。

# 要适当地放手

孩子想要的感觉：
不是时刻受到
父母的控制或过度保护，
而是得到允许，
为自己的生活负起责任。
对于父母来说，
放手就意味着赋予孩子责任。
孩子比你想象的做得更多更好。
越早放手孩子越自主。
你只需要提供指导和指引，
帮孩子做好风控和善意提醒。

收获：（我学到了什么）

体验：（我感受到了什么）

决定：（我准备怎么使用）

传承：（我准备如何传承帮助他人）

# 关系篇

# 五大核心关系

## 一、家庭教育VS学校教育

家庭教育远远大于学校教育，
再高端的学校，
都替代不了家庭对孩子的影响：
再卓越的老师，
都替代不了父母对孩子的熏陶。
每个父母都可以通过学习成为卓越的父母，
父母千万不要陷入不自信，
自我否认的状态里，
无论我们年龄多大，
在父母面前，我们都是孩子，
无论我们混的多差，
在孩子面前，我们都是父母。

## 二、童年教育VS成年教育

0~6岁，

是书写孩子人生剧本的重要时期，

这个阶段父母的每一句话，

都会植入孩子的潜意识。

父母也许给不了孩子千万财富，

但至少可以给孩子一个快乐的童年。

幸运的人用童年疗愈一生，

不幸运的人用一生疗愈童年。

有多少人出走半生，

却走不出童年。

## 三、亲子关系 VS 亲子教育

关系远远大于教育，

没有关系何谈教育，

没处好关系还想教育，

就是在自取其辱、自讨没趣。

仪式感是解决亲子关系最有效的通道，

每个父母

都要为自己的家人和孩子做仪式感，

仪式感是为了提醒我们，

人生不是为了生存，

而是为了生活。

四、亲密关系 VS 亲子关系

在家庭关系里面

夫妻关系排在第一位，

其次才是亲子关系，

只有更好地了解到关系和谐的本质

不错位，

亲密关系好的同时

亲子关系才能更好。

五、懂爱，爱才成为爱，

不懂爱，爱会变成伤害。

给孩子最有力量的爱，

就是理解孩子。

处好夫妻关系，

是给孩子最滋养的爱。

# 借树悟教育

亲密关系大于亲子关系，
母亲是亲子教育的树根，
父亲是亲子教育的树干，
孩子是亲子教育的果实。
当今一些家庭现象如同：
“腐烂”的树根，
支撑着“干枯”的树干，
却都对着果实喊：成材，成材！
这不正是当下很多家庭的写照吗？

# 和解

成为承担者，
和真实的自己和解，
才算真正的成熟。
要从和自己的原生家庭和解，
和自己的父母和解，
和自己小时候留下的创伤和解开始，
去无条件地爱自己的父母，
无条件地爱自己的家人，
无条件地爱自己，
无条件地爱世间万物，
你会发现世间万物也会爱上你。

# 好的开始

父母可以偶尔

因为工作忽略对孩子的教育。

但不要认为因为工作

忽略了孩子的教育就理所当然。

更不要因为忽略了孩子，

就认为自己做得不对。

更不要因为日积月累不懂教育，

就开始自暴自弃。

只要父母在学习，

每天都在进步，

就是好的开始。

收获:(我学到了什么)

体验:(我感受到了什么)

决定:(我准备怎么使用)

传承:(我准备如何传承帮助他人)

# 行为篇

# 让孩子成为他自己

孩子不听你的话，

你到底想让孩子活成什么样子？

活成你想要的样子，

还是活成孩子自己的样子。

这个世界上大多数父母，

是借着“爱”的名义，

对孩子进行控制和伤害。

让花成花，让树成树，

让孩子成为孩子，

享受他当下年龄段该有的状态。

# 做孩子恋爱的观察者

孩子第一次恋爱，
父母千万不要打压，
更不要强烈的反对，
给孩子做正确的引导，
让孩子去体验热恋期的美好。
只要不是乱来，
孩子交什么样的男女朋友，
都是人生体验。
孩子通过亲自体验
才能明白什么是真正的爱。

# 家教和门风

家教决定孩子的行为，
门风决定孩子的教养。
中国向来高度重视家教和门风，
可如今大多数家庭中，
孩子可谓是位高权重，
全家人围着孩子转，
老人反而被忽略。
久而久之，
孩子就养成了不断索取，
和认为被关注是理所当然的心理，
从不想着回报谁，
更不会主动地去关心别人和感激他人。

# 正确对待孩子的小动作

与孩子谈话时，

孩子总是有小动作是怎么回事？

真正的原因是：

1. 孩子因为恐惧而担心；

2. 孩子想提早结束这次谈话。

家长与孩子谈话，

孩子是没有话语权的，

也不敢说“别谈了、我累了”，

只能做小动作。

小动作越多的孩子，

我们越要关注他内在的心声，

抽空让孩子说出心里话，

多让孩子发言。

# 正确辅导孩子的作业

很多家长很头痛辅导孩子写作业，

正确的做法是学会闭嘴、

学会忍住，

孩子出错你不要指指点点，

鼓励认可孩子，

并表现出不着急不担心的状态，

让孩子顺利地完成作业。

一定让孩子明白一件事，

写作业是他自己的事情，

让他学会享受写作业的乐趣。

# 父母的责任感

要培养孩子的责任感，

父母首先要做出有责任感的表率，

孩子是父母的影子，

父母不承担责任，

又怎么能要求孩子有责任感呢？

同样当孩子做错事的时候，

父母不要越俎代庖，

替孩子承担后果。

能力不足，责任可补；

责任不够，能力无法补；

能力有限，责任无限。

能为他人负责，

才会更好地为自己负责。

# 老师投诉孩子后

孩子在学校做错事情了，
老师批评完孩子，
又打电话给家长，
孩子回家后，
家长应该怎样与孩子沟通？
是打、骂孩子吗？
都不可取，
首先要搞明白孩子的真实想法。
当孩子把事情讲完后，
要表扬孩子的诚实，
最后和孩子一起解决问题。

# 家庭会议的注意事项

1. 一定要有仪式感，

否则孩子不重视。

2. 一定要在有趣的氛围下进行，

否则就成了批斗会。

3. 让孩子做会议记录员，

他会既认真又负责。

4. 每个人必须发言，

围绕上一阶段的生活和学习。

5. 教会孩子如何复盘。

会议过程中，

孩子给父母汇报了情况，

父母又给孩子指导了学习，

全家其乐融融。

# 三面镜子

唐太宗李世民曾说过：

“以铜为鉴，可正衣冠；

以古为鉴，可知兴替；

以人为鉴，可明得失。”

唐太宗时刻用此警告自己，

以免走弯路。

而家庭教育中也有三面镜子：

一是用放大镜，来看孩子的优点；

二是用缩小镜，来看孩子的缺点；

三是用望远镜，来看孩子的未来。

父母之爱子，则为之计深远，

短期看成绩，

中期看兴趣，

长期看格局。

而孩子的格局就来自父母的远见。

## 不同的观念

两种不同思维模式的家长，
在对待孩子
学习的态度上也有所不同：
消极的人，
要求孩子一定要考个好学校，
渴望孩子拿第一，
孩子成绩下降真糟糕！
担心孩子没出息。
千方百计让孩子学习书本知识。
积极的人，
会尊重孩子的意愿，
培养孩子成为一个喜欢学习的人，
引领孩子全面发展，
明白孩子的问题只是暂时的，
不断地激发孩子学习兴趣，
创造机会让孩子多体验，
帮助孩子升起梦想，并为梦想而行动。

收获:(我学到了什么)

体验:(我感受到了什么)

决定:(我准备怎么使用)

传承:(我准备如何传承帮助他人)

# 期待篇

# 相对应

从小感受过被鼓励的孩子，
养成了自信的习惯。
从小感受过被包容的孩子，
养成了忍耐的性格。
从小感受过被赞美的孩子，
也学会了欣赏他人。
从小感受过被接纳的孩子，
知道如何爱别人。
从小体验过被批评的孩子，
学会了论断他人。
从小体验过敌意的孩子，
生活中学会了攻击他人。
从小生长在恐惧中的孩子，
学会了焦虑。
可以对照一下，
你的孩子在成长过程中经历了哪些？

# 幸福力

让孩子拥有幸福的能力，
比拥有成功的能力更重要。
幸福力来自感受力，
被无条件的爱关爱过的孩子，
都有感受幸福的能力，
传递幸福的能力，
传承幸福的能力。
幸福和快乐本身，
就是我们生活中的大背景，
无条件的爱不等于无底线的爱！

# 学以成人

培养孩子成人、

成功、成才哪个最重要?

这个问题是我们家长需要思考的，

毋庸置疑做人是根本。

父母可以给孩子两个礼物:

根和翅膀。

根就是让孩子从小，

就能感受到父母无条件的爱，

翅膀就是孩子心中的梦想和人生方向。

这一切都离不开父母的不断成长。

# 人生目标

没有人生目标的人越勤奋越失败，
因为他们的精力没放在目标上，
因为他在用身体的勤奋
掩盖思维上的懒惰，
时间就浪费了。
人生目标如此重要，应该怎样去发掘它呢？
最好的人生目标由外部需求，
个人天赋和兴趣相互作用而成，
天赋使一个人比其他人更擅长做某些事情，
一个人越擅长做一件事情，
他就越愿意去做。
兴趣会使一个人愿意花时间在某个领域上。
最好的人生目标就是：
用自己的天赋和兴趣为外界提供价值。
成功就是把擅长的事情做到极致。

# 向孩子学习

在大人的世界里面，
小孩就是小孩，
小孩子不懂事、不够成熟，
父母想把很多思想观念传输给孩子，
“宝贝，你应该这样，应该那样，
你不听话会怎样。”
正是因为我们在这种固有思维下的教育，
要么培养出来“听话”的孩子，
要么培养出来“叛逆”的孩子，
不当的教育反而会适得其反，
唯有成长型思维的家长，
在自己成长的同时知道向孩子学习，
尊重孩子。

# 送给孩子的礼物

1. 让孩子无拘无束。

2. 教孩子关心别人。

3. 发自内心的大笑。

4. 表扬得有技巧，鼓励孩子的自信心。

5. 让艺术走进孩子的心灵。

6. 微笑，让孩子懂礼貌。

7. 适时地让步。

8. 给孩子展现自己的机会。

9. 给孩子介绍他拥有的东西。

10. 让孩子掌握新的技能。

11. 教他控制自己的行为。

12. 教孩子懂得为自己的行为负责任。

# 社会需要这样的孩子

当一个孩子在学习上独立自主，
在成长的道路上拼博上进，
当他步入社会的时候，
有良好的沟通能力和主见，
敢于创新参与实践，
并具备社会责任感，
懂爱自己、爱家人、
爱家族以及爱身边的人，
拥有一颗感恩的心，
即使到将来他要承担更大的责任和义务时，
也会拥有强大的内心敢于去面对。

# 体验分享的乐趣

孩子多多少少都有点小自私，
人类这个行为与生俱来，
但在人际交往中，
人们自私的行为却不受欢迎。
如果在孩子小的时候，
家长不给孩子做正确的引导，
长此以往，
孩子就形成了不爱分享的习惯。
甚至有些家长打着
“为孩子好”的名义，
把孩子往自私的方向去引导。
这肯定是不可取的。
要不断鼓励孩子去分享，
陪伴孩子共同体验分享的乐趣。

# 感恩的心

感恩之心是生命成长的营养剂，
让孩子通过感恩这种行为，
更珍惜身边人和事物带来的幸福感。
让孩子感受善行和善意，
所传递的巨大能量，
在思想上给孩子暗示，
从而激发出他的信念和动力，
愿意成为一个懂得付出和拥有感恩之心的人，
体验生命最完美的过程！！！

# 信任和爱

最好的教育
是对孩子的信任和无条件的爱，
别人可以看轻你的孩子，
但你不能，
别人可以骂你的孩子，
但你不能，
别人可以否定你的孩子，
但你不能。
无论发生什么，
都要满怀希望的看着孩子；
无论发生什么，
都要张开双臂拥抱我们的孩子。

收获：（我学到了什么）

体验：（我感受到了什么）

决定：（我准备怎么使用）

传承：（我准备如何传承帮助他人）

# 答疑解惑之导向篇

# 你想要怎样的孩子？

想让孩子成为什么样的人，
就需要把孩子带到这样的环境当中，
借助已经达成这个结果的人，
或者环境来影响孩子。
或在故事里，
或在书本里，
或在电影里，
找到他的榜样，
而不是一味地要求和控制。
家长一定要帮孩子或教孩子过滤好人际圈。

# 你传递的是什么？

父母应该问自己最重要的问题：

“我们传递给孩子的原则与价值观，

是否是正向的？

我们是否愿意看到，

这样的信念成为社会的风气，

这样的价值观能否改善他们的生活，

改善我们的文化，

改善整个世界，

你是否愿意让孩子把你教给他们的东西，

继续教给他们的下一代？

# 孩子想要怎样的父母？

孩子想要的父母是：
能激励他，
放飞他的梦想，
鼓励他，认可他，
欣赏他，尊重他，
亲子时光陪伴他，
无与伦比地爱他。
不断学习，
与时俱进，
与他同频。

# 你是100分父母吗？

父母对孩子的过度关爱和期待，
像牢笼禁锢了孩子的心灵，
让孩子无所适从。
控制型的父母和溺爱型的父母，
都是典型的100分父母。
过度的重视孩子的分数，
不顾一切的让孩子去考高分，
让孩子非常的痛苦。
控制型父母会培养出两种孩子：
一种是妈宝，
一种是叛逆型(甚至是反社会的)。
溺爱型父母培养出：
小霸王或巨婴。
孩子独立性差，生存能力差，难以适应社会。
不要做100分父母，
给孩子的成长留一点空间，
让孩子自主、自立、自信、自强、自律。

# 起跑线还是终点线？

天才无非是长久的忍耐，
一个人天资再高，
若不持续勤奋学习，
很难成就大事业，
因为他在夸奖和自满中，
迷失了自己，
浪费了占尽优势的人生起点。
一个人天资一般，若能勤奋学习，
刻苦用功，必出成果，
因为他坚信付出必然会有回报。
后天教育比天资更重要，
我们要做孩子人生路上的陪跑者，
让孩子赢在终点线上，
而不是拉着孩子在起点就拍手庆祝，
洋洋自得！

# 你能给孩子怎样的童年？

我们很多家长都倾向于，
用父母养育我们的方式
去养育孩子，
或者有意用与父母
相反的某些方式，
去养育孩子。
我们小时候接触到的家庭价值观，
对我们的影响十分深远，
许多家庭甚至就是，
重蹈覆辙地轮回原生家庭。
如果当下你已经觉知到，
你对孩子的教育没有起到正面的影响，
就要反思自己过往的经历，
找出问题找到答案。

# 如何做好家校沟通？

学校和家庭是合作关系，

合作关系的基础就是沟通。

具体怎么做：

一、要明确与学校沟通的目的，

是交换信息，

不是灌输，不是束缚，

不是解决实际问题，

交换信息使双方都能更好地，

全面地了解孩子。

二、家长要注意态度。

不要过于谦卑，也不要过于暴躁，

要建立和谐的关系，

老师、家长、孩子是对等的。

三、与老师沟通很重要。

要选择老师能够接受的沟通方式。

老师每天面对很多的学生和家长，

已经很疲惫了，

尽量选择老师喜欢的方式沟通，

这也是尊重老师的一种表现。

# 反感的行为有哪些？

一、别在孩子的同学和朋友面前训斥他，
这样最伤孩子的自尊。
二、别靠过度分享你的生活经历，
或者八卦来找回与孩子的亲密感，
这样做其实是一种唠叨。

三、别拿自己的孩子

与亲戚或邻居家的孩子做比较。

谁都不喜欢这样。

四、别数落孩子的朋友，

尤其是异性朋友。

否定孩子的朋友

就是间接的否定自己的孩子。

# 孩子最害怕什么？

父母是孩子的第一任老师，

有时父母不经意做的事情，

让孩子害怕，产生不好的影响。

一、害怕爸爸妈妈吵架。

父母不断吵架，孩子内心受伤。

二、害怕爸爸妈妈对兄弟姐妹偏心。

父母偏心，孩子一生缺爱，

童年的创伤，

需要用一辈子的时间治愈。

三、害怕爸爸妈妈言而无信、撒谎。

不讲信用的父母，

养不出诚信的孩子。

四、害怕爸爸妈妈不欢迎自己的朋友。

给孩子足够的面子，

孩子也会给父母足够的面子。

五、害怕爸爸妈妈不认可自己的优点。

优点成就孩子，缺点激励孩子。

# 该了解经济状况吗？

每个家庭的经济状况各不一样，
每个家长对孩子的教育，
引导方式也不一样。
如果家里已经负债，
或者是经济不宽裕，
面对成长中的孩子应该怎么沟通？
答案是：
如实说，不夸大，
不含糊，不可怜，不道德绑架。
孩子对金钱的认知，
远超过我们的想象，
如果他们知道实情后，
面对家庭的经济情况，
他们会做出更正确的认知和行动。

# 如何高质量地沟通？

首先要表现出充足的耐心，

一、如果有可能，

放下手上的事情，

认真地听孩子说。

二、注视着孩子的眼睛说。

眼睛是心灵的窗户，

是沟通的一部分。

三、与孩子平等交流。

先从行为上平等，

你的眼睛与孩子的眼睛

保持同一水平高度，

如果孩子小，就蹲下来，

孩子大，就坐下来

家长不妨试试。

# 怎样积极地转换？1

1. 觉得孩子“死心眼”时，
转换为：
“孩子有韧劲儿、专注、勇于挑战。”

2. 觉得孩子“太嘈杂”时，
转换为：
“孩子开朗活泼、有活力。”

3. 觉得孩子“话多”时，
转换为：“孩子喜欢和他人交流。”

4. 觉得孩子“安静不下来”时
转换为：“孩子好奇心旺盛、活跃。”

5. 觉得孩子“容易冲动”时，
转换为：“孩子感情丰富、热情。”

6. 觉得孩子“太要强”时，

转换为:“孩子做什么都很积极，不说泄气话。”

7. 觉得孩子“拘谨”时，

转换为:“孩子重视自己的想法，有进取心。”

8. 觉得孩子“怕输”时，

转换为:“孩子有上进心，知道努力。”

9. 觉得孩子“太较真”时，

转换为:“孩子诚实、努力、靠得住。”

10. 觉得孩子“任性”时，

转换为:“孩子有见解、有自己的主张。”

# 怎样积极地转换？2

1. 觉得孩子是个“人来疯”时，
转换为：
“孩子能活跃气氛会来事儿。”

2. 觉得孩子“爱多嘴”时，
转换为：“孩子爱帮忙。”

3. 觉得孩子“是个爱哭鬼”时，
转换为：“孩子感情丰富，善良。”

4. 觉得孩子“不善于跟人打交道”时
转换为：“孩子想拥有自己的世界
有宁静的内心。”

5. 觉得孩子“蛮干、硬干”时，

转换为：“孩子有韧性，将来一定不负众望。”

6. 觉得孩子“喜欢惹人注目”时，

转换为：“孩子表现活跃，性格活泼。”

7. 觉得孩子“厚脸皮”时，

转换为：“孩子有行动力，坦坦荡荡。”

8. 觉得孩子“爱撒娇”时，

转换为：“让人觉得可爱，能够信赖别人。”

9. 觉得孩子“小气”时，

转换为：“孩子能有计划的用钱。”

收获：（我学到了什么）

体验：（我感受到了什么）

决定：（我准备怎么使用）

传承：（我准备如何传承帮助他人）

# 答疑解惑之方法篇

# 如何塑造成就感？

很多父母都会抱怨孩子，

做事半途而废，

对学习没兴趣，

懒惰、动力不足……

这背后都是因为缺少一样东西——成就感，

缺乏成就感大人也会如此。

与其指责孩子，

不如激发孩子的成就感。

1. 通过“贡献”塑造成就感。

2. 通过“成绩”塑造成就感。

3. 通过“自身成长”塑造成就感。

智慧的父母总能看到孩子的成长。

# 如何培养自律的孩子？

从小自律的孩子，
绝大多数来自
家庭观念和规则较好的家庭。
自律完全是培养出来的，
不自律的父母，
往往不知道如何训练孩子的自律性。
推荐用交互式回应
训练“约束性顺从”：
1. 价值观交互；
2. 评价式交互；
3. 情感式交互。
没有天生自律的孩子，
只有在不断的教育中
养成自律习惯的孩子。

# 怎样才能激发动力？

想要培养孩子，
拥有自发的持续做事的心态，
就需要激发孩子的内驱力。
下面6句话用来抛砖引玉：
1. 这道题做得非常好，
看得出你是个善于思考的孩子。

2. 老师说："你的学习态度，
是班里最好的，值得全班同学学习。"

3. 你的英语表达非常流畅，
有了你这个小翻译，
以后妈妈再也不担心出国时的沟通问题啦。

4. 这么难的题，你都能做出来，
快教教我是怎么做到的？

5. 你的表达很有条理和逻辑，
一听就是读过很多书的人。

6. 你认真研究的劲头，
值得爸爸妈妈学习。

# 怎么说孩子更有上进心？

决定孩子能否成功的，

不仅仅是能力和天赋，

还看后天的心态是固定心态，

还是成长心态。

家长如何说孩子更有上进心：

1. 小疑有小进，大疑有大进，

是指怀疑精神。

2. 猜测是科学发现的前奏，

你已经迈出了精彩的一步。

3. 勤奋、认真的你，再认真、踏实些，
必定收到累累的硕果。

4. 取他人之长补己之短，
生活中处处有学习的榜样，
人人都有值得效仿和学习的地方。

5. 勤奋是天才的摇篮，
耕耘是智慧的源泉，
愿你做个品学兼优的好孩子。

6. 我看到你进步很大，
希望你能更上一层楼。

# 为什么要培养批判性思维？

什么是批判性思维？
它不是一味地
批评和质疑别人的观点，
而是一种评估、比较、分析、
探索你所获取的信息的能力。
没有批判性思维的人，
不会辨别是非，
容易被骗，任人摆布。
作为父母，
都希望自己的孩子有主见，有判断力，
帮助孩子形成独立思考，
独立解决问题的能力，
就是培养孩子批判性思维的过程。

# 如何培养批判性思维？

大家都知道

“人云亦云”这个成语，

其实就是告诉我们，

一个人如果没有自己的主见，

总是跟在别人后面有样学样，

人云亦云，是不会有成就的，

这也正是一个人

缺乏批判性思维的表现。

如何培养孩子批判性思维？

1. 多问为什么。

2. 追问孩子，你是怎么知道的？

3. 继续追问，引导孩子进一步探索。

4. 总结提问，让孩子发现这个问题的价值。

# 怎样建立亲子问责制？

建立亲子问责制

什么是亲子关系中的问责制呢？

就是要分清彼此的责任。

如果孩子做错了事，

当然应该引导他认识到自己的错误，

并道歉、改正。

那如果父母做错了事呢？

也应该真诚地承认自己的错误，

并且向孩子道歉，

这一点也是亲子问责制的精髓所在。

很多父母都觉得孩子欠自己一句“谢谢”，

却不知自己欠孩子一句“对不起”。

# 如何让孩子找到人生目标？

帮孩子找寻自己人生目标时，
需要让他问自己三个问题：
我的天赋是什么？
我的兴趣是什么？
我怎样用我的天赋和兴趣
给别人提供价值？
当孩子回答完这三个问题后，
再问两个问题：
我的人生目标
会给别人造成伤害吗？
我的目标符合道德标准吗？
这两个问题，
能够保证孩子的人生目标
终身有效。

# 如何培养兴趣爱好？

孩子往往知道，

什么是对自己最好的，

我们父母要做的就是倾听，

在合理的范围内倾听。

你需要在孩子提出危险，

或非理性的要求时进行干预，

如果孩子的要求是理性的，

但客观条件不允许，

你也可以考虑与孩子达成一项协议。

如果孩子真的想要接受某种挑战，

去做他热爱又让他兴奋的事，

那么就可以给孩子尝试的机会，

但是对于家长而言，

放权要建立在安全的基础上，

把安全放在第一位。

# 父母如何带孩子远离贫穷思维？

一、一定要培养孩子的合作精神。

贫穷思维拒绝合作，

富人思维拥抱合作。

人与人之间只有合作互助，

才能达到共赢。

二、父母要有远见，

不能只看眼前利益。

有远见的父母是孩子的灯塔，

照亮孩子一生。

三、以积极乐观的心态

面对任何问题。

父母没有穷人思维，

孩子才会内心富足。

一个内心富足的孩子，

内在充满无穷的力量，

无论面对任何境况都能从容面对。

# 孩子胆小怎么办？

孩子胆小是很正常的事情，
家长需要及时
给予正确的帮助和引导。
孩子的胆量是可以锻炼的，
家长引导孩子，
应从他害怕的事情做起，
多给孩子做一些示范性的练习，
陪伴孩子突破恐惧，
还可以做孩子的啦啦队，
实时地给予孩子鼓励，
通过语言的鼓励带给孩子力量。
切忌把孩子直接丢到，
一个陌生的环境里，
让他自己成长，
这样孩子会变得更加敏感和恐惧。

# 孩子自我放弃怎么办？

孩子破罐子破摔，

这在心理学上叫作“成败效应”。

家长应该做到以下几点：

1. 多与孩子沟通，

帮孩子排解不良情绪。

2. 加强家校沟通，

增加孩子成就感，

要明白教育是家校互动的过程，

是情感沟通的过程。

3. 帮助孩子找到他的价值感，

让他做自己擅长的事，

让孩子越来越有自信。

# 孩子犯错了怎么办？

孩子犯错，
家长不要推卸责任和借机教训，
“我说你多少次了，
你怎么就不听呢？
不给你点教训，
你记不住啊！”
这些话是不是很熟悉？
孩子犯错时，
内心真正的诉求是，
缺乏安全感和渴望被理解，
家长应该先关注孩子的情绪和感受，
和孩子共同面对错误，
让孩子知道犯错误不可怕，
拿到错误背后的礼物，
犯错也是学习的一部分。

# 孩子在学校受欺负了怎么办？

孩子受到委屈和欺负表现为：

1. 不想去上学。

2. 身体有伤痕。

3. 情绪波动非常大。

4. 物品有丢失或者损坏。

受到委屈和欺负的原因可能是：

1. 自己主观因素，不喜欢他人。

2. 外在客观因素，被他人排斥。

我们应该怎么做呢？

1. 通过语言行为，

先恢复孩子的安全感。

2. 弄清原因，

引导他说出本不愿说的那部分。

3. 解决问题，

帮孩子找到方案并敢于面对困难。

# 孩子顶嘴时怎么办？

爱顶嘴的孩子思维灵活，

有自己独立的思维体系。

1. 当孩子顶嘴的时候，

家长要立刻停下来，

反思自己说话的语气对不对，

如果感受到自己的话语有问题，

可以改成商量的语气。

2. 当孩子顶嘴时，
一定是孩子在你的命令下
没有找到自豪感和成就感，充满着失落感。
要把下命令改成激励的方式，
可以是物质激励，也可以是精神激励。

3. 要改变自己与伴侣的沟通方式。
孩子爱顶嘴也可能是在模仿大人。
所以每次当孩子顶嘴的时候，
你就感觉他和你的另一半非常像，
因为他在模仿你另一半的语气来对抗你。

## 孩子很难融入集体怎么办？

每个孩子的性格都不一样，
有的爱热闹，
有的就喜欢安静。
对于喜欢安静，
喜欢独处的孩子来说，
我们不应该急着，
把孩子推向热闹的环境，
要考虑到建立孩子内心的安全感，
给孩子时间、耐心和支持，
先陪孩子一起加入集体的行列，
给予孩子无条件的爱，
再引导他去融入集体。

# 孩子不愿意上学怎么办？

孩子不愿意去上学读书，
父母要了解
这个行为背后真正的原因，
再去解决问题。
解决之后，
孩子还是不愿意去读书，
家长要做一件事：
不再给孩子零花钱
并陪伴孩子去体验辛苦的工作，
让孩子意识到
不读书即将要面临的生存现实。
并在恰当的时机，
给孩子找到曾经和他一样辍学，
后面又爱上读书，
并取得非凡成就的人物自传
让孩子读，
用榜样的力量影响孩子的内驱力。

# 孩子不爱学习怎么办？

孩子能主动地坐在书桌前，

自觉地学习，

几乎是所有家长梦寐以求的画面，

有些孩子有自我学习力，

有些孩子需要培养学习力，

我们可以通过以下几点，

激发孩子的学习力。

一、不要再向孩子传达。

学习是一件麻烦的、

痛苦的、困难的事情，

多宣导学习的好处。

二、学习也是需要反馈的。

孩子的脑回路短，

当取得阶段性结果时，

需要给予他正面的语言鼓励和小礼物反馈。

三、孩子学习是需要陪伴的。

如果有条件，

可以在孩子写作业的时候，

你在不远处看书，

既是陪伴又是榜样。

# 别人说你孩子的缺点怎么办？

智慧的父母，

不会完全听别人怎么讲。

当着他人的面，

会礼貌性回应一下，

事后私下与孩子沟通时，

用正向的肯定思维沟通方式，

先去肯定孩子被揭发的行为背后，

所取得的正向结果，

再去引导孩子，

如何在正确的时间做正确的事。

认可孩子的兴趣爱好，

不要简单粗暴地批评和谩骂孩子。

## 孩子成绩不好父母是否介入？

孩子学习成绩不好，
父母不要立刻介入。
要了解自己孩子的性格，
多鼓励认可孩子，静待花开。
立刻干涉，会让孩子认为：
一、父母不够信任自己。
二、会让孩子感觉到，
只要我事情没有做好，
爸妈就会来帮我，
让孩子产生依赖心理。
我们可以在孩子来寻求帮助时
给予一些帮助，
但千万不要包办所有事情，
要让孩子承担后果，
然后鼓励孩子持续向前。

# 发现孩子早恋怎么办？

父母千万不要带着批判性和指责性，
来面对孩子早恋的事情，
更不能打骂孩子。
在孩子最初的恋爱观里，
没有参杂社会的复杂性，
不会顾东顾西，
只会一心一意。
在恋爱对象不算差，
或不过分的情况下，
孩子可以借助恋爱这件事得以成长。
父母可以做一个观察者，
来更好地引导孩子，
朝更好的方向发展。

# 如何解决孩子爱玩游戏的问题？

因为孩子玩游戏

引发亲子冲突的不在少数。

如何能让孩子玩游戏，

又避免孩子沉迷于游戏呢?

一、和孩子同一战线、分享经验。

二、和孩子约定游戏时间，

有效地控制孩子玩游戏的时间。

三、丰富课外活动，

多带孩子亲近大自然和室外活动。

# 如何面对孩子爱撒谎？

诚信，

是我们提倡和鼓励的高贵品质。

撒谎，

是我们杜绝和禁止的不良行为。

不可否认的是，人人都会撒谎，

人人都有可能撒谎，

当我们发现孩子撒谎的时候，

要正确地引导孩子，

孩子撒谎背后肯定有动机。

为了逃避家长，

或者摆脱麻烦，

或者取悦家长，或者帮别人忙，等等，

家长切忌，

看透孩子的谎言后立即戳穿

这对孩子的心理打击非常大。

当发现孩子撒谎的时候，

不必大惊小怪。

家长要了解孩子撒谎背后的真正动机，

并给予正确的引导。

# 怎样帮助孩子缓解焦虑？

焦虑大多数来自挫折和压力，
当孩子开始抽烟、喝酒、
纹身、早恋、打架……
就要关注到孩子是否有焦虑情绪。
作为父母首先要正确地认识到，
造成孩子焦虑的原因，
然后用心陪伴孩子，
称赞孩子的点滴成长，
肯定孩子取得的结果，
不断地对孩子的品质按确认键，
焦虑的父母也会培养焦虑的孩子，
家长也要时刻觉察自己的情绪。

# 如何帮孩子处理好社交关系？

孩子上学后，

就要开始建立自己的社交关系了，

和同学搞好关系，

这对孩子成长非常关键。

家长多和孩子聊同学之间的事，

教会孩子择友和交友技巧。

如果孩子的社交问题处理不好，

很容易出现被同学冷落，

与坏孩子交往，

被霸凌等问题。

家长要多引导少干预，

多锻炼孩子自己解决问题的能力。

收获:（我学到了什么）

体验:（我感受到了什么）

决定:（我准备怎么使用）

传承:（我准备如何传承帮助他人）

# 答疑解惑之未来篇

# 要把孩子送出国吗？

这个问题不是由父母来决定的，

而是要孩子本人来决定。

如果孩子愿意去国外体验生活。

去学习深造，

家长应该全力支持，

并且告诉孩子，

让孩子明白去国外，

要承担相应的考验，

让孩子能够提前做好，

应对新环境的思想准备。

给孩子最好的教育，

就是给孩子更好的指导和引领。

## 你懂青春期的孩子吗？

第一、要学会双向沟通。
沟通属于双向的，
我们要让孩子有机会
表达出自己的想法。

第二、要发自内心地关心孩子，
而不是处处怀疑孩子，
这个时期的孩子需要同理心和共情。

第三、与孩子沟通要有边界感。
这个时期的孩子心理敏感，
想要处理好亲子沟通，必须要有边界感，
家长要做到，该知道的知道，
不该知道的就别好奇了。

# 如何面对孩子考试失利？

一、接纳情绪。

不要拿孩子和别人比较，

也要接纳孩子的情绪。

二、帮忙分析考试失利原因。

分析是什么原因导致了出错，

要关乎到考试本身。

三、积极地引导并鼓励。

让孩子明白，

一场考试决定不了什么，

下次全力做得更好就好。

核心点在于我们关注孩子本身，

然后再面对问题并去解决它。

四、安慰和疏导，

切忌训斥和冷嘲，

否则就是雪上加霜，

后果不堪设想。

# 你会用原理吗？

普雷马克原理简单来说，
就是用喜欢的活动，
来强化不太喜欢的活动，
就是想要A，
除非先完成B。
这一原理可以用在与孩子的沟通当中，
如：孩子因为看动画片而耽误写作业，
你可以和孩子说：
“要是想看你喜欢的动画片，
得先写完作业。”
过一段时间之后，
孩子自然而然就养成了，
先写作业再看动画片的习惯。

# 如何避免训话？

一、在融洽的氛围中谈话。

你带着情绪，孩子就会有情绪；

你平静，孩子就会平静；

谈心之前确保双方是平静的。

二、态度要诚恳，避免戒备心理。

三、目的要明确，不啰嗦。

在孩子面前，

不用含蓄的拐弯抹角。

四、注意谈话时间。

时间久了孩子坐不住，

最好控制在15分钟左右

语言精炼直接。

# 父母如何避免发脾气？

父母想要发脾气的时候：

一、通过深呼吸暗示自己冷静。

父母冷静理智，

孩子才会感受到温暖和爱，

乐意配合父母。

父母不理智，

孩子感受的是威胁，

会选择与父母对抗。

二、以平和的心态看待孩子的气人行为，

不主观臆断。

父母尊重孩子，孩子才会贴心；

父母主观臆断，胡乱指责，

只会让孩子反感。

三、孩子的行为出现问题时，

家长也要学会反思自己，

要做的是和孩子一起解决问题。

# 当孩子问为什么要上学？

孩子问：

“为什么要我去上学读书？”

你的回答会影响孩子一生，

为了找个好工作，

为了过好生活，

为了上个好大学。

智慧型父母会这样回答：

宝贝，上学读书，

是为了让你有更多的选择，

用知识来武装你的大脑，

你将来可以选择做设计师，

也可以选择做企业家、

投资家、政治家、科学家……

但最重要的不是你想做什么就能做什么，

而是当你不想做什么的时候，

就可以选择不做什么，

这就是学习带给你的底气。

# 如何理解孩子发脾气？

负面情绪的背后有正面的需求，

孩子发脾气有三种情况：

1. 需求没有被满足。

2. 发泄。

3. 走向独立的过程。

从积极的角度来看：

孩子与你相处足够安全，

才会发脾气。

他不会对一个自己不认识

或相处起来不舒服的人发脾气，

因为孩子信任你，

这也是走向独立的过程，

尽管这个过程有时会不愉快。

# 如何解决孩子留守的现状？

父母应该想办法，
解决如何不让孩子留守，
而不是在忽视陪伴后，
再去想办法弥补。
学习家庭教育，
成为智慧型父母，
是每个父母的功课。
随着父母的不断成长，
给予孩子更多恰当的关爱，
减缓孩子童年爱的缺失。

# 穷人的孩子怎样改命？

贫穷虽然很可怕，
但也有积极的一面：
能培养孩子坚定的信念。
如果你出身贫寒，
拥有的资源很有限，
想要获得自己想要的东西，
就需要发挥极大的想象力、
超强的行动力，
卓越的创造性，
除此之外你别无选择。

# 哪种家庭能养出好孩子？

好孩子和坏孩子之间，
只差一对好父母。
教育不仅仅是一项技术活，
还是一本兵书，
其中的必胜策，
就是家长以身作则。
想有一个好孩子，
先有一个好自己，
用语言传递爱，
用行动做表率，
用思维引领人，
用智慧启发人。

# 你要如何开始？

何时开始，
与孩子的关系
变得别别扭扭。
感恩又遇《亲子关系》
带我走出失措无奈，
带着爱和欣赏
重新出发，
用爱的温度，
温暖孩子。

收获：（我学到了什么）

体验：（我感受到了什么）

决定：（我准备怎么使用）

传承：（我准备如何传承帮助他人）

# 后缀

# 后缀

生命中有太多的第一次：第一次学会走路，第一次学会系鞋带，第一次学会穿衣服，第一次成家立业，我们所有的第一次都在学习中不断成长。可悲的是，很多人在第一次成为父母后，漠视了学习和精进。虽然生下孩子，但大多数的父母都不知道该如何做父母。于是，他们把父母对待自己的方式延传给了孩子。

结果，当一个被原生态家庭伤害的孩子长大为人父母之后，他的孩子也会延续他童年的伤。看到生活中这种案例比比皆是，杨老师非常痛心。于是我做了一个决定：出版一本关于亲子教育的书。我希望通过亲子教育枕边书，能让家长懂得如何做父母，如何成为优秀乃至卓越的父母。

怎样让孩子拥有一个美好的童年？如何成为最好的父母？我们可以换位思考。正如我说过的一句话：小时候没有体验过美好的童年，我们就要把自己理想中的童年给到孩子。

于是，当我们以终为始、用B点倒推思维的时候，就可以学会如何做好父母。当我们在道路上已经知道先有好父母才有好孩子、我们应该无条件去爱的时候，那在法、术、器上我们就更需要去看亲子教育的读本，或是观看和收听相关的视频和音频。唯有在父母的这条道路上抱有终身成长理念，你才会发现：变成好父母其实是一件很简单的事情，也是你有义务、有责任并且力所能及、能做到的一件事情。

如何与我们的孩子和谐相处？如何培养幸福而成功的孩子？如何让孩子自主、自立、自信、自强、自律？如何让孩子从小到大充满善意、懂得合作、成为一个了不起的人？

我想这本亲子教育枕边书一定可以帮到你，只是在你阅读的时候，尽量不要因为单纯知道了某个知识点或某个理论就照搬照用在孩子身上急于想获得万能的功效。

有一句话是这么说的：“书读百遍，其义自见。”当你能这样做的时候，我相信成为好父母的行为意识、行为准则以及具体的操作方法已经转化为你根深蒂固的能力，它会让你更快地成长为辉煌的父母。

让我们一起学习、共同成长，我在好父母的彼岸等着你！

——杨韵冉

# 彩蛋

# 一定要会的99条“彩虹屁”

1. 今天在小区看见叔叔阿姨，你主动问好，在校门口遇到老师同学你都主动打招呼，你真是【有礼貌】

2. 说好玩游戏半小时，到时间你就主动放下手机了，特别棒，你真是【自律守信】

3. 你想看电视，但是还有作业要完成，于是我说能不能写完作业以后看动画片？你同意了还做到了，你真是【好商量】

4. 你经常会主动帮忙扫地、扔垃圾、挂衣服，你真是【勤劳爱家】

5. 接种疫苗的时候，你主动撸起袖子让护士姐姐打针，你真是【勇敢】

6. 你去喂流浪猫、流浪狗，你真是【有爱心】

7. 你按住电梯门的开关等别人一起，帮老奶奶推车。你真是【尊老爱幼，乐于助人】

8. 每天早上起床后，你只用了十分钟就洗漱完毕还叠好被子，你真是【高效率】

9. 周末你经常约爸爸一起去爬山、去打球，你真是【爱运动爱生活】

10. 有同学回答问题时不流畅或者回答错了，你并没有笑话他，你真是【有修养】

11. 你主动把喜欢吃的零食分给朋友，将自己喜欢的玩具拿出来给朋友玩，你真是【爱分享】

12. 老师夸你作文写得好，字很漂亮，你更努力地练字，更喜欢阅读了，你真是【有上进心】

13. 你通过自己的劳动攒了3个月的钱买到了心仪的玩具，你真是【有韧性，懂得延迟享用】

14. 你和小伙伴一起完成了拼搭乐高，还得到了其他人的夸奖，你真是【善于合作】

15. 你每次写作业后，都把书本、文具盒整理好了，书上的笔记写得也很清楚，你真是【有条理】

16. 你今天讲的笑话逗得爷爷奶奶哈哈大笑，家庭气氛被你调动得特别好，你真是【富有幽默感】

17. 你每天都能在9点上床阅读、准备睡觉，特别有规律，这真是【好习惯】

18. 你会利用课外时间看各种课外书，积累自己的知识，你真是【好学】

19. 学习钢琴的时候，有很多小朋友都放弃了，你却一直坚持下来，你真是【有耐心】

20. 当你要去参加学校组织的春游野餐时，你自己收拾行李，还精心准备了好吃的和同学一起分享，你真是【独立又细心】

21. 每次轮到你当值日生的时候，你总是很认真地打扫卫生，倒垃圾，维护班级荣誉，你真是有【责任感】

22. 吃饭时你总是吃多少盛多少，从不把饭粒弄得到处都是，碗里总是吃得干净，从不浪费粮食，你真是【爱惜粮食】

23. 听说你帮老师倒水喝，还帮老师搬作业本，主动帮老师分担，你真是【尊师重道】

24. 看到有同学被欺负了，你会去协调，找老师帮助，你真是【有正义感】

25. 今天你打碎了家里的花瓶，你没有隐瞒，而是主动道歉，想办法弥补，你真是【诚实勇敢】

26. 这次河南大水，你拿出自己的零花钱捐款，你真是【有大爱】

27. 你每次饭前认真洗手，衣服也保持干干净净，你真是【讲卫生】

28. 在爸妈休息的时候，你总是安安静静地自己玩，不吵闹，你真是【善解人意】

29. 有人按门铃时，你从不随便开门，总是先确认好再开门，不乱踩下水盖，你真是【有安全意识】

30. 你认真起来背诗又快又准，你真是【记忆力超群】

31. 这么难的题你都会解，快告诉我你是怎么做到的，我太崇拜你了，你真是【聪明极了】

32. 你捡到别人掉的东西后还给了她，你真是【拾金不昧】

33. 听老师说你在课堂上回答问题很积极，准确率还很高，你真是【自信放光芒】

34. 你今天按照课本上的描写画了一幅风景画，你真是【有创造力】

35. 开学时，你说这学期要成为三好学生，期末时你拿回了“三好学生”的奖状，真帅！你真是【重承诺的孩子】

36. 你在小区里认识了很多小伙伴，还能和睦相处，看起来你很受大家的欢迎，你真是【喜欢交朋友】

37. 你碰到问路的老人，热心指路，还知道找大人帮忙，你真是【机智又热心肠】

38. 好朋友过生日，你为他准备了生日礼物，你真是【重视朋友】

39. 今天在户外看到攀岩，你学习了相关技巧后去尝试了，还到达了顶峰，我真是太崇拜你了，你真是【稳重勇敢】

40. 你喜欢军事，还喜欢运动，还喜欢音乐、美术，你真是【兴趣广泛】

41. 今天路上塞车导致你上学迟到了，你没有生气，还说下次早点出发就好。你真是【乐观积极】

42. 你过年收到的红包都买了理财产品，说要留到以后作为创业资金，你真是【有财商】

43. 你在家里能照顾弟弟妹妹，还能帮爷爷奶奶用手机付款，你真是【有责任心】

44. 你说你要学好文化课，还要加强体育锻炼有一个好身体，将来做一个对社会有用的人，你真是【有理想】

45. 你在公园玩总是带走自己制造的垃圾，还顺便拾起地上的方便袋，矿泉水瓶，你真是【爱护环境】

46. 你看到电视中讲我们国家的飞船再次成功返回，你兴奋不已，你真是有【爱国情怀】

47. 面对在家上网课这种情况，你也认真对待，好好学习，你真是【乐观好学】

48. 学校要选拔田径队的运动员，你足足练了2个月的跑步，争取到了入队名额，太酷了。你真是【会为梦想而努力】

49. 宝贝，你的一言一行都让我看到了你金子般的心灵闪闪发光；让我相信你的未来也一定充满了期待。

现在开始，希望您带着欣赏的眼睛去观察自己的孩子，你会发现原来我的宝贝是这么优秀！

接下来的50~99条“彩虹屁”是专门留给你来记录的哦！

写下的是文字，发现是精彩，表达的是爱，让我们试目以待

50.

51.

52.

53.

54.

55.

56.

57.

58.

59.

60.

61.

62.

63.

64.

65.

66.

67.

68.

69.

70.

71.

72.

73.

74.

75.

76.

77.

78.

79.

80.

81.

82.

83.

84.

85.

86.

87.

88.

89.

90.

91.

92.

93.

94.

95.

96.

97.

98.

99.